Cubierta y diseño editorial: Éride, Diseño Gráfico
Dirección editorial: Ángel Jiménez

Primera edición: enero, 2026

Episodios de Carabanchel (II)
© Sergio Gonzalo Rodrigo
© éride ediciones, 2026
Espronceda, 5
28003 Madrid

éride ediciones

ISBN: 979-13-87643-60-7
Depósito Legal: M-27257-2025
Diseño y preimpresión: Éride, Diseño Gráfico

Este libro protege el entorno

Episodios
de Carabanchel
(II)

Sergio Gonzalo Rodrigo nació en Madrid en 1982, y desde pequeño, sintió un profundo interés por la literatura. Más adelante, descubrió la pasión por el teatro, una disciplina que ha vivido de manera intensa asistiendo con regularidad a espectáculos teatrales en Madrid, siendo actor a nivel aficionado, editando obras de teatro y siendo ayudante de dirección en una obra que se representó en Madrid en los meses de abril y mayo de 2024. Ahora, ha decidido combinar esa inclinación por el teatro con su conocimiento del madrileño barrio de Carabanchel al escribir la trilogía teatral *Episodios de Carabanchel*, de la que este libro es uno de los tres volúmenes.

Sergio también tiene una profunda pasión por el viaje, y en ese sentido ha escrito dos libros de literatura de viajes titulados *Mosaico, ambientes y gentes del mundo* y *Cuba. Radiografía de un país irrepetible*, ambos también publicados bajo el sello de Ediciones Éride.

.

SERGIO GONZALO RODRIGO

Episodios
de Carabanchel
(II)

éride ediciones

Actos de la obra

Breve perfil de los personajes

(Solo de los que tienen nombre propio, por orden de aparición)

ALBA 41 años, peluquera con su propia peluquería, ha vivido en Carabanchel toda su vida. Lleva en una relación 12 años y no imagina su vida si no es con esa pareja.

ZAIRA 36 años, peluquera, natural de Salas de los Infantes (Burgos), aunque lleva viviendo en Madrid siete años. Está en una relación desde hace 5 años. Se divierte viendo vídeos en Instagram y en TikTok.

WANDA 35 años, trabaja como secretaria en una multinacional, nació en España de un padre venezolano y una madre española. Vive por y para su cuerpo, que cuida con esmero y casi con obsesión.

CRISTIAN 23 años, sin trabajo, nacido en Madrid, crecido en Carabanchel, muy influenciado por el carácter de su padre y de su madre, que son muy distintos entre sí.

AGUSTÍN 34 años, instalador de toldos, español, ha vivido toda su vida en Carabanchel. Ama la vida familiar, sacar a pasear a su perro y el fútbol (es del Atlético de Madrid). Se ha apuntado hace poco al gimnasio.

KRISTOFF — 36 años, trabaja como operario en una fábrica; es polaco, aunque lleva viviendo en España 9 años. Le gustan los coches y la tecnología —sobre todo los teléfonos móviles.

RAMÓN — 48 años, trabaja por temporadas en Suiza; creció y vivió en Carabanchel y sigue haciéndolo cuando no está en Suiza. Ama el fútbol, podría ver más de diez partidos al día.

PAZ — 34 años, contable, nació en Arenas de San Pedro (Ávila) pero lleva viviendo en Madrid y en Carabanchel desde hace 8 años. Le encanta leer y cocinar. Novia de Vega, con la que ya lleva 6 años.

SARPRET — 51 años, emprendedor; es de Bangladesh, aunque lleva viviendo en España 25 años. No sabría vivir si no es con sus propios negocios, todos en el barrio de Carabanchel.

MOHA — 28 años, peluquero, nació en Rabat (Marruecos), llegó a Madrid cuando tenía 10 años, momento en el que su madre se mudó a España tras separarse de su padre.

RACHID — 29 años, reponedor en Mercadona, nació en Agadir (Marruecos). Lleva 3 años en Madrid, donde trabaja para poder enviar dinero a sus padres, que aún viven en Marruecos.

DAFNE — 50 años, frutera, es natural de Ecuador, aunque emigró a España con su marido hace 13 años.

Tiene 3 hijos, para los que vive, y por los que se desvive.

VEGA   29 años, trabajadora social, nació en San Pedro del Arroyo (Ávila) pero lleva viviendo en Madrid desde hace 9 años (en Carabanchel solo desde hace 6). Juega al fútbol sala. Novia de Paz.

KIKA   59 años, pensionista, nació en Don Benito (Badajoz) y lleva viviendo en Madrid desde que tenía 25 años. Sufre una lesión ósea que le hace cojear ostensiblemente.

ACTO 1
(El otoño)

Escena 1

Peluquería Alba, en la calle Eduardo Morales. Viernes a las 12:30. ALBA *y* ZAIRA *aprovechan un rato sin clientas para charlar.*

ALBA   Joder, tía, menos mal que respiramos un rato. Estoy agotada.

ZAIRA   Yo también. Desde el miércoles hasta hoy no hemos parado.

ALBA   Y lo raro es que tengamos este rato libre un viernes.

ZAIRA   Las vecinas del barrio se han apiadado de nosotras, jajaja.

ALBA   ¿Hacéis algo este finde?

ZAIRA   Pff. Lo de siempre. Bajaremos a los bares del barrio.

ALBA   Pues guay. Nosotros no sé lo que haremos, la verdad.

ZAIRA   Pues seguro que lo de siempre también, jaja.

Alba   No sé. Sebas y yo estamos enfadados, así que no sé lo que haremos.

Zaira   ¿Y eso?

Alba   Pues nada, tía, es que últimamente no para por casa. Y le canté las cuarenta.

Zaira   ¿Y dónde para?

Alba   Pues es que hay días que ni lo sé.

Zaira   ¿Y eso? ¿No te lo cuenta?

Alba   Algunos días no. A ver, algunos días yo sé que está en los bares del barrio, con sus amigos. Le veo, o me lo cuentan… Pero otros días no. Y alguna vez que le he preguntado, se pone súper a la defensiva.

Zaira   Qué raro.

Alba   Sí, tía. Yo ya no sé qué hacer.

Zaira   ¿Y qué le dijiste?

Alba   Pues que secretitos los justos. Que una relación se basa en la confianza.

Zaira   ¿Y qué dijo él?

Alba   Pues que llevamos mucho tiempo juntos, que confianza hay, y que precisamente por eso no tenemos que estar con estas tonterías. Y ahí fue cuando me enfadé, por las formas con las que me lo dijo. Se puso a gritarme, ¿sabes? Y luego, aparte de los gritos, un tonito… que parece que me estaba perdonando la vida. Al principio me achanté, tía. Pero luego di un paso adelante y le planté cara. Le dije que así no me hablaba ni mi padre y que lo primero que se tranquilizase. Y que tenía que entender que a veces lo que para él son tonterías para mí pueden ser cosas serias.

ZAIRA   ¿Y qué pasó?

ALBA   Nada, que se fue dando un portazo y ahora llevamos dos días sin hablarnos.

ZAIRA   Vaya.

ALBA   ¿Y vosotros qué tal?

ZAIRA   Bueeeno. Nuestras cosillas.

ALBA   ¿Pero estáis bien?

ZAIRA   Más o menos. El otro día…

(Entra en la peluquería Wanda, una vecina del barrio.)

WANDA   Hola, chicas, ¿qué tal?

ZAIRA   ¡Hola, Wanda!

ALBA   Pero bueno. La que faltaba…

WANDA   Venía a que me peinarais. Que tengo mañana un bautizo.

ALBA   Uy, la princesita.

ZAIRA   ¿Y qué quieres que te hagamos?

WANDA   Lo de la última vez. ¿Os acordáis?

ALBA   Yo sí.

WANDA   Pues vamos, que tengo un poquillo de prisa.

(WANDA *se sienta en una de las sillas.*)

ALBA   Qué barbaridad, hija (*mientras le pone la capa de peluquería*). Últimamente no paras por el barrio, y cuando vienes, vienes con prisa.

WANDA   Es verdad, últimamente no paro, jaja.

ALBA   Ya veo.

(ALBA *comienza a lavarle la cabeza a* WANDA.)

ZAIRA   ¿Y qué tal todo, Wandita?

WANDA   Pues bien.

ALBA   A ella le va todo siempre muy bien.

WANDA   Hago lo que puedo, jaja.

ALBA   Te vi muy bien acompañada el otro día.

WANDA   ¿Cuándo?

ALBA   Pues… el martes creo que fue.

WANDA   El martes… Ah, sí, vino un amigo.

ALBA   Os vi saliendo de tu portal.

WANDA   Sí, subimos a mi casa porque tenía que darle una cosa.

ZAIRA   A ver si va a ser tu nuevo noviete, Wanda…

WANDA   No, no. Es solo un amigo.

ALBA   Ya, ya.

WANDA   Que sí, que os lo juro, jaja.

            (Oscuro)

Escena 2

Gimnasio Fitness Club, en la Vía Carpetana. Martes a las 12:21. Cristian y Agustín se cambian en el vestuario antes de entrar a entrenar.

Cristian   Pues, tronco, qué pesada está mi madre.

Agustín   ¿Con qué?

Cristian   Con lo de que tengo que ponerme a currar o a estudiar.

Agustín   Bueno, es normal, ¿no?

Cristian   Pues si yo ya sé que tengo que hacer algo, ¿no te jode? Pero no es tan fácil. Ahora hay muchos curros de mierda. Y yo no voy a coger cualquier cosa.

Agustín   Joder con el señorito. ¿Qué quieres, currar cuatro horitas en una oficina con aire acondicionado y luego volverte a casita?

Cristian   Pues no, tronco, pero tampoco una mierda de curro en la que te paguen 800 pavos teniendo que deslomarte el día entero.

Agustín   ¿Y por qué no estudias algo, o aprendes algún oficio?

CRISTIAN   ¿Qué voy a estudiar yo? Si no duro ni quince minutos delante de los libros.

AGUSTÍN   No sé, pues algo que te guste. O que te sirva para encontrar trabajo.

CRISTIAN   Que no, hombre, que no, que yo no valgo para estudiar.

(Entra en el vestuario KRISTOFF.*)*

KRISTOFF   ¿Qué pasa, chavales?

AGUSTÍN   Holaaa.

CRISTIAN   ¿Qué tal, Kristoff?

KRISTOFF   Bien. Voy a darle duro un rato. ¿Qué tal vosotros?

AGUSTÍN   Pues aquí, este, contándome sus penas.

KRISTOFF   ¿Qué penas?

AGUSTÍN   Pues que el señorito no quiere trabajar ni estudiar y sus padres le están metiendo caña.

KRISTOFF   Joder, pues normal, ¿no?

CRISTIAN   Que no es que yo no quiera trabajar... Que estoy buscando, joder.

KRISTOFF   ¿Cómo estás buscando?, a ver...

CRISTIAN   Pues mirando de vez en cuando en Internet y eso… Y si voy por la calle y veo algún anuncio para camarero o algo, pues pregunto.

KRISTOFF   ¿Y a eso lo llamas tú buscar trabajo?

CRISTIAN   Pues sí.

KRISTOFF   Ya te voy a decir yo cómo buscar trabajo. Lo primero, hazte un buen currículum, que seguro que ni lo tienes… Y luego, pásate ocho horas al día enviándolo por correo electrónico a empresas y pateándote los polígonos industriales para entregarlo en mano. Eso es como una jornada de trabajo; ocho horas le tienes que dedicar. Y de muchos sitios, de la mayoría, no te contestarán. Te contestarán unos pocos, y de esos pocos, la mitad será para decirte que no necesitan a nadie. Pero alguno habrá que necesite. Pero claro, para eso hay que echar muchos currículums al día, no uno cada cinco días como harás tú.

CRISTIAN   Bueno, yo hago las cosas a mi manera.

KRISTOFF   Entonces no te quejes si no encuentras trabajo.

CRISTIAN   Bueno. Algo me saldrá… Hay que tener paciencia.

KRISTOFF   ¿Paciencia? Vaguería es lo que hay que tener, para ser como tú.

CRISTIAN   Anda, flipao. Que estás más flipao…

KRISTOFF   Flipao estaré, pero currando, jajaja. (*Entra en el vestuario* RAMÓN.)

AGUSTÍN   ¡Bueno! Ya estamos todos...

RAMÓN   ¿Qué pasa, chavales?

KRISTOFF   Mira, Cristian, tienes que hacer como este, que no pega ni un palo al agua.

RAMÓN   ¿Quién, yo?

KRISTOFF   A ver... ¿Quién va a ser? ¿Cuánto hace que no trabajas tú?

RAMÓN   ¿Yo? Pues no hace tanto... Yo voy trabajando por épocas. Cuando lo necesito.

KRISTOFF   Sí, más o menos, trabajas quince días y descansas un año, ¿no? Jajaja. ¿A eso le llamas tú trabajar por épocas?

RAMÓN   Pues no, chaval. Depende. Trabajo cada dos meses o así. Cuando me llaman de la empresa esta en la que llevo cuatro o cinco años.

KRISTOFF   Cuatro o cinco años... de los que habrás currado seis meses, jaja. No, si te lo tienes montado de puta madre... Y el resto del tiempo a ver fútbol, ¿no?

RAMÓN   Pues sí me gusta, ya lo sabes.

Kristoff   Pues a ver si consigues que llamen de tu empresa a este también.

Ramón   ¿A quién?

Kristoff   Al Cristiancito. *(Señala a* Cristian *con la cabeza.)*

Ramón   Pues no sé. Si me entero de algo, te lo digo. *(Dirigiéndose a* Cristian.*)*

(Oscuro)

Escena 3

Peluquería Alba. Jueves a las 11:12 de la maña-na. ALBA *y* ZAIRA *están solas en la peluquería y charlan.*

ALBA   ¿Has visto a la muñequita?

ZAIRA   ¿Qué muñequita?

ALBA   Joder, Zaira, ¿quién va a ser? Wanda...

ZAIRA   No la he visto, ¿por qué?

ALBA   Pues la he visto yo esta mañana... Ha pasado por el «laboratorio». *(Hace el gesto de las co-millas con las manos.)*

ZAIRA   ¿Cómo?

ALBA   Que ha ido a que la retoquen un poco... Un poco... o mucho.

ZAIRA   No te entiendo.

ALBA   Joder, tía, estás espesa hoy. Pues que se ha ope-rado.

ZAIRA   ¿De qué? ¿Algo grave?

ALBA   No te enteras de nada, tía. Que se ha hecho una operación estética.

ZAIRA   Ah, ¿sí? ¿De las tetas otra vez?

ALBA   No, de los labios.

ZAIRA   ¿En serio?

ALBA   Como te lo digo.

ZAIRA   Bueno, pues hace bien.

ALBA   ¿Cómo que hace bien, tía?

ZAIRA   Sí, si a ella le gusta…

ALBA   ¿Y la pasta? ¿Tú sabes el dinero que se estará dejando en operaciones?

ZAIRA   Bueno, pero es su dinero, ¿no?

ALBA   Bueno, pues nada; cualquier día te vemos también a ti con las tetas grandes y con unos morros así. (*Hace un gesto con los labios, sacándolos hacia fuera.*)

ZAIRA   No, mujer, yo no…

ALBA   Ah, como lo ves bien.

ZAIRA   Lo veo bien para ella, jajaja.

ALBA   No, si tú siempre la defiendes.

ZAIRA   No la defiendo. Solo digo que, si le gusta ope-
          rarse y tiene el dinero para gastárselo, pues hace
          bien… El dinero cada una se lo gasta en lo que
          quiere. Unas se lo gastan en ropa, otras en za-
          patos, otras en operarse… Y todo eso, al menos,
          es de respetar. Porque luego también hay gen-
          te que se lo gasta en el bar, o en tabaco, o en las
          máquinas tragaperras… ¡O en drogas, que ya es
          lo peor de lo peor!

ALBA   Pero es que Wanda se lo gasta en todo… bue-
          no, menos en drogas. Que yo sepa.

ZAIRA   Bueno, si lo tiene, hace bien en gastarlo.

          (Entra en la peluquería PAZ.)

PAZ   Hola, chicas. Vengo a que me peinéis, que ma-
          ñana tengo una boda en el pueblo.

ALBA   Pero bueno, ¿qué horas son estas de venir?

PAZ   Pues es que he aprovechado que estoy teletra-
          bajando y me he escapado un momento.

ALBA   No, si nosotras encantadas. ¿Cómo lo quieres?

PAZ   Recogido. (Se sienta en la silla.)

ALBA   Pues nada, estábamos hablando de la Wandita.
          Que se ha puesto morritos nuevos.

PAZ   ¿Ah, sí? No lo sabía. Llevo tiempo sin verla.

ALBA   Yo la he visto esta mañana… y como te lo cuento.

PAZ   ¿Pero se ha puesto mucho?

ALBA   Muchísimo.

PAZ   Pues a ver si la veo. Seguro que ha quedado mona.

ALBA   No sé. A mí no me gusta mucho cómo le ha quedado. Es muy artificial.

PAZ   A esa cabrona le queda todo bien. Con el tipazo que tiene… Bueno, ¿qué vais a hacer para Halloween?

ALBA   Pues no lo sé. Salir, supongo.

PAZ   ¿Pero, por dónde?

ALBA   Pues por aquí por el barrio, imagino…

ZAIRA   Yo todavía no he hablado nada con Rafa.

PAZ   Podíamos ir por otra zona. Que aquí en el barrio estamos siempre…

ALBA   Yo creo que nos quedaremos por aquí. Al final a Sebas le gusta ir a los bares de aquí del barrio.

ZAIRA   Yo le voy a preguntar a Rafa si le apetece ir a otro sitio.

PAZ   ¿Y si salís un día sin ellos? Veníos con nosotras y que se queden ellos aquí.

ZAIRA   No sé…

ALBA   Si hago yo eso, a Sebas le dura el rebote tres meses.

PAZ   ¿Por salir con nosotras? Pues no entiendo por qué.

ALBA   No es por salir con vosotras; es por hacer planes sin contar con él.

PAZ   Pues no lo entiendo, la verdad.

(Oscuro)

Escena 4

Locutorio Worldlink, en la Plaza de Zeus. Viernes a las 18:30. SARPRET *atiende el negocio en el mostrador, aunque no hay nadie. Entra* CRISTIAN*. Fuera,* MOHA *y* RACHID *toman un café y fuman.*

CRISTIAN   Hola, Sarpret.

SARPRET   Hola, Cristian. ¿Cómo vas?

CRISTIAN   Bien, ¿y tú?

SARPRET   Todo en orden.

CRISTIAN   Vengo a que me imprimas el currículum.

SARPRET   Ya sabes, pásalo a esa dirección de correo. *(Señala un cartel en el que se indica la dirección.)*

CRISTIAN   Voy. *(Saca su teléfono móvil, y hace el envío.) (Ambos esperan unos segundos.)*

SARPRET   Ya está aquí. A ver…

(De nuevo, ambos esperan unos segundos.)

SARPRET   Joder, ¿pero, qué es esto, tío?

CRISTIAN   ¿Qué pasa?

SARPRET   Pues que este currículum es una mierda.

CRISTIAN ¿Por qué?

SARPRET Pues porque está fatal organizado. Lo primero que tiene que aparecer es la experiencia profesional.

CRISTIAN Eso está más abajo.

SARPRET Pues eso, que tiene que estar arriba.

CRISTIAN ¿Y qué más da?

SARPRET Pues no da igual. Es como se tienen que hacer los currículums. Además, no tienes ni foto. Ni carta de presentación. Tienes que incluir una carta de presentación, presentándote, hablando de tus aspiraciones, de tus intereses… También sería bueno si pudieses tener alguna carta de recomendación de alguien. Algún antiguo jefe, alguna empresa para la que hayas trabajado. Cualquier cosa que te diferencia de otros candidatos es bienvenida.

CRISTIAN Bueno, de momento tú imprímeme ese currículum y ya está.

(Mientras, fuera del local, mientras fuman y toman un café.)

MOHA *(Refiriéndose a* CRISTIAN, *a quien señala con la mano.)* Este es un niñato que no veas…

RACHID ¿Quién? ¿El chaval?

MOHA Sí. Mira, le está diciendo Sarpret que no sabe ni hacerse el currículum. Un niño de papá que seguro que no ha trabajado en su vida.

RACHID Así hay muchos.

MOHA Pues casi todos los españoles de esa edad.

RACHID Hombre, casi todos no, pero unos cuantos sí hay.

MOHA Los de esta generación se la van a pegar. ¿No ves que se lo han dado todo hecho? Los chavales marroquís, o sudamericanos, o africanos, se los van a comer incluso aquí en su propio país.

RACHID Bueno, no creas, porque luego prefieren contratarlos a ellos por ser españoles.

MOHA Hasta cierto punto. Si son unos inútiles, como este…

(Mientras tanto, dentro del establecimiento.)

SARPRET Espera, que el currículum lo vamos a arreglar en un momento. Y ya la carta de presentación la escribes y la traes otro día. Escríbela bien.

CRISTIAN ¿Tú crees que lo de cambiar el currículum es rápido?

SARPRET Sí, lo hacemos en un momentito. Es ordenarlo un poco, y explicar algunas cosas mejor.

CRISTIAN   Vale. (*Mira la hora en su teléfono móvil.*)

SARPRET   Vamos a ver... La experiencia, lo primerito. Tiene que ser lo primero que vean. ¿Solo has trabajado de estas dos cosas?

CRISTIAN   Sí.

SARPRET   Bueno, es lo que hay. Esto vamos a ponerlo aquí... Hazte una foto con el teléfono y mándamela.

CRISTIAN   Voy. (*Se hace la foto, y procede a enviarla.*)

SARPRET   ¿No tienes carnet de conducir?

CRISTIAN   Sí

SARPRET   Pues también hay que ponerlo, tío.

CRISTIAN   Vale. (*Vuelve a mirar la hora en su teléfono móvil.*) (*Ambos están en silencio unos segundos,* SARPRET *trabajando en el currículum,* CRISTIAN *dando pasos por la tienda, nervioso.*)

CRISTIAN   Tío, ¿te importa terminarlo y vengo otro día a por él?

SARPRET   Pero, cabrón, si esto es para ti...

CRISTIAN   Ya lo sé, pero es que tengo un poco de prisa... Es que... tengo una fiesta de Halloween ahora en un rato y tengo que irme, para prepararme.

SARPRET   Joooder, tu fiesta de Halloween es más importante que el currículum. Vale, vale… pues ya lo termino yo y pásate por aquí cuando quieras para que te dé la copia impresa. Y no te preocupes, que si hace falta le envío yo el currículum a las empresas también. Lo que no voy a hacer es ir a trabajar por ti, salvo que me den tu sueldo, jajaja.

CRISTIAN   Qué cabrón.

SARPRET   No, aquí el cabrón eres tú, que pasas de todo. Anda, vete a tu fiesta. Que eso sí que te lo tomas en serio.

CRISTIAN   Vale. Vengo mañana a recoger el currículum, ¿vale? ¡Muchas gracias, tío! (*Se marcha del establecimiento.*)

(*Oscuro*)

ACTO 2
(El invierno)

Escena 5

Gimnasio Fitness Club. Miércoles a las 11:15. CRISTIAN *y* AGUSTÍN *se ejercitan en sendas máquinas.*

CRISTIAN   Tío, pues tengo una cosa que contarte.

AGUSTÍN   ¿Sí? ¿El qué?

CRISTIAN   Pues que... ¡he encontrado trabajo!

AGUSTÍN   ¡No jodas! ¡Por fin! Cuenta la leyenda que habías trabajado alguna vez, jajaja.

CRISTIAN   No me vaciles, gilipollas.

AGUSTÍN   Es broma, hombre... Me alegro por ti. Que desde que lo dejaste con Marcela, no estabas muy centrado... Y esto te vendrá bien. Bueno, ¿y dónde es?

CRISTIAN   En Madrid.

AGUSTÍN   Coño, eso ya me lo imagino. ¿Pero en qué empresa?

CRISTIAN   Pues en una de promociones.

AGUSTÍN   ¿Eso qué es?

CRISTIAN   Pues una empresa de promociones, tronco. Se
dedican a eso. Eso dicen ellos que hacen.

AGUSTÍN   Pero, ¿cuál es tu función ahí? ¿Qué tareas haces?

CRISTIAN   Clasifico etiquetas.

AGUSTÍN   ¿Clasificas etiquetas?

CRISTIAN   Sí.

AGUSTÍN   Pero, ¿etiquetas de qué, tronco? No he visto per-
sona que se explique menos, macho…

CRISTIAN   A ver, tronco, qué pesado; a ver, te cuento…

AGUSTÍN   Joder, me intereso por tu trabajo y me llamas
pesado.

CRISTIAN   Que no, a ver. Lo que hace esta empresa es trabajar con promociones de otras empresas. Por
ejemplo, ahora estamos con una promoción que
hizo Mahou. Estos meses de atrás hubo una
campaña en la que había que juntar 20 pegati-
nas de las que vienen en los botellines, meter-
las en un sobre y enviarlas diciendo el premio
que querías… De cinco premios que había. Pues
esos sobres los tenemos nosotros ahora… Y lo
que hacemos es abrirlos, sacar las etiquetas, ver
qué premio pidieron, y ponerlo en un montón
o en otro… Luego se va a hacer un sorteo.

AGUSTÍN   Bueno, bien, ahora sí te has explicado bien. No
          era tan difícil, ¿no? ¿Y estás contento?

CRISTIAN Pse. No está mal.

AGUSTÍN   No lo dices muy entusiasmado.

CRISTIAN A ver, pues es un curro. Es un coñazo, la ver-
          dad. Todo el día abriendo sobres... Pero es lo
          que hay. Para sacarme unas perras, me da. Y para
          que se callen mis padres.

AGUSTÍN   A ver, ningún trabajo es la bomba. Y en ningu-
          no se pasa bien. Pero, por lo que cuentas, no
          haces esfuerzo físico, no pasas frío, no te matas
          a trabajar...

CRISTIAN Bueno, sí que hay que esforzarse, ¿eh?

AGUSTÍN   Claro, pues como en todos los trabajos.

CRISTIAN Te meten caña como vayas despacio abriendo
          los sobres.

AGUSTÍN   Normal, como en todos los trabajos. Nadie te
          va a pagar porque estés tocándote las narices.
          Que la gente que monta una empresa, pone su
          dinero, macho. Hay que entender que, si te pa-
          gan, es para que curres mucho y bien.

          (*Llega al gimnasio* KRISTOFF *y se pone en una de
          las máquinas que queda cerca.*)

KRISTOFF ¿Qué pasa, chavales?

AGUSTÍN Aquí, el Cristiancito, que ha encontrado trabajo.

KRISTOFF ¡No jodas! Coño, ahora que no tengo trabajo yo.

AGUSTÍN Anda, ¿y eso?

KRISTOFF Pues mira, que me echaron el otro día.

AGUSTÍN Coño, no lo sabía…

KRISTOFF Si es que fue la semana pasada… Los cabrones dicen que quieren reducir costes y que les sobraba uno de los de la línea de producción.

AGUSTÍN Qué faena.

KRISTOFF Bueno. Me han pagado bien, y ahora a descansar un tiempo…

AGUSTÍN Claro. Y a buscar curro.

KRISTOFF Bueno, con calma. Ahora lo que quiero es dormir dieciséis horas todos los días, como los koalas, jajaja.

AGUSTÍN ¿No te vas a poner a buscar curro?

KRISTOFF De momento no. Que tengo mi paro. Y sin trabajar se está muy bien.

AGUSTÍN Qué cabrón.

CRISTIAN Luego me decíais a mí cuando no trabajaba, cabrones.

KRISTOFF Cabrón, tú es que no habías pegado un palo al
agua en tu vida.

AGUSTÍN Vaya par de dos… Con gente como vosotros,
iba a ir bien el país.

(Oscuro)

Escena 6

Peluquería Alba. Miércoles a las 12:44. Zaira
*termina de atender a una clienta, que paga y se
marcha, dejando a las dos peluqueras solas.*

Clienta 1   Hasta luego. Y gracias, ¿eh?

Zaira   De nada, mujer. Ya sabes, aquí estamos.

Alba   Gracias a ti por venir.

             (Hay un silencio de unos segundos.)

Zaira   Bueno. Pues ya casi hemos hecho la mañana.
             Han sido cinco, ¿no?

Alba   Sí, joder, cinco nada más.

Zaira   Bueno, hay días que son menos.

Alba   Ya, tía, pero es muy poco. No sé dónde vamos
             a ir a parar.

Zaira   Bueno, no seas tan pesimista. Ya vendrán días
             mejores.

Alba   Sí, si desde luego que se nota que ahora han pa-
             sado todas las fiestas y ya nadie viene a peinar-
             se. A ver si llega la época de las comuniones…

Zaira   Bueno, ¿y qué tal todo?

ALBA   Bien, tía. Con Sebas muy bien ahora.

ZAIRA   Ah, ¿síii? Qué guaaay. Me alegro, tía.

ALBA   Gracias. Sí, ahora estamos bien. Llevamos ya un montón que no discutimos. Y, no sé, está como más cariñoso, más detallista.

ZAIRA   Qué guay.

ALBA   Lo único…

ZAIRA   ¿Qué?

ALBA   Pues que…

ZAIRA   ¡¿Qué?!

ALBA   Pues que… no sé… usa mucho el móvil.

ZAIRA   Bueno, tía, pues como todo el mundo.

ALBA   No, pero él más últimamente.

ZAIRA   Pues no sé, se habrá viciado con algún juego.

ALBA   No, no, escribe. Lo que hace es escribir.

ZAIRA   Pues yo que sé, tía, se habrá echado algún colega nuevo.

ALBA   Algún colega… o alguna colega.

ZAIRA   Bueeenoooo... Que ya sé por dónde vas.

ALBA   No voy por ningún lado; solo te digo lo que hay.

ZAIRA   No seas rayada, tía.

ALBA   No soy rayada.

ZAIRA   ¿Pero tienes alguna sospecha o algún indicio más de algo?

ALBA   No.

ZAIRA   ¿Entonces? Eso es una tontería. Mira, el otro día me dijo a mí Rafa lo mismo, que con quién me estaba escribiendo. Y me estaba escribiendo con una amiga, jajaja. Eso es la imaginación, que vuela. Siempre pasa. La mente es así: empieza a tirar de un hilo, y sigue y sigue, y no para. Y lo malo es que siempre tira por las peores opciones, por lo peor que puede pasar en cada caso…

ALBA   Ssshh. Calla, que viene Dafne.

          (DAFNE *entra en el establecimiento.*)

DAFNE   ¡Hola, chicas! ¿Qué tal?

ALBA   Bien, Dafne. Hacía tiempo que no te veíamos.

DAFNE   (*Mientras se sienta.*) Pues mira, hija, que de los disgustos, ni tiempo para cortarme el pelo tengo…

ZAIRA   (*Mientras le pone la capa, antes de empezar a cortarle el pelo.*) ¿Ha pasado algo?

DAFNE   ¿Que si ha pasado? ¿No os habéis enterado? Ya me extraña, con lo que es el barrio… Pues que me dejó mi marido.

ZAIRA   No me digas…

ALBA   ¿Cómo?

DAFNE   Como os lo cuento… De la noche a la mañana. Aunque, yo ya me olía algo. Que se traía un ajetreo con el móvil… que estaba claro que se estaba hablando con otra.

(ZAIRA *interrumpe su tarea de cortarle el pelo a* DAFNE *y se queda paralizada;* ALBA *y* ZAIRA *se miran. Hay un silencio de unos segundos.*)

ZAIRA   Pues… nos dejas de piedra.

ALBA   Y tanto.

DAFNE   Así es la vida, hijas.

(*Oscuro*)

Escena 7

Gimnasio Fitness Club. Lunes a las 13:12. Vega, Cristian, Kristoff *y* Wanda *se ejercitan en distintas máquinas.* Vega *y* Wanda *terminan a la vez la serie de ejercicios que estaban haciendo en máquinas diferentes pero contiguas.*

Vega   *(Mientras se seca el sudor.)* Buff. Esta me ha costado.

Wanda   Es que esa es jodida.

Vega   Ya te digo. A mí es de las que más me cuesta.

Wanda   Bueno, tía, que este finde ya es Carnaval. ¿Os vais a disfrazar?

Vega   Pues aún no lo he hablado con Paz. Seguro que ella no quiere, jajaja. Pero imagino que al final nos terminaremos disfrazando.

Wanda   Mi hija y yo nos vamos a disfrazar también.

Vega   ¿Y dónde vais a ir?

Wanda   Pues por el barrio.

Vega   Luego te vienes con nosotras.

Wanda   Bueno, a ver si puedo dejar a la niña con mi madre...

VEGA   Seguro que sí.

(Se acerca a ellas KRISTOFF, *que acaba de terminar de trabajar en otra de las máquinas.)*

KRISTOFF   ¿Qué tal, chicas?

WANDA   Hola.

VEGA   Bien; mira, aquí hablando del Carnaval.

KRISTOFF   Joder, ¿ya estáis pensando en el fin de semana? Pero si hoy es lunes.

WANDA   Las fiestecitas hay que prepararlas bien, jajaja.

VEGA   ¿Tú te vas a disfrazar, Kristoff?

KRISTOFF   ¿Yo? Sí. Me voy a disfrazar… de Kristoff, jajaja.

WANDA   Buah, qué soso.

(Llega al pequeño corro que se ha formado CRISTIAN, *que también acaba de terminar en otra máquina.)*

KRISTOFF   Hombre, pero si es el Cristiancito. ¿Qué tal tu súper trabajo?

CRISTIAN   Bien, bien.

KRISTOFF   Por cierto, ¿tú no tenías que estar en el trabajo ahora?

CRISTIAN   Qué va, me han dado el día libre.

KRISTOFF   ¿El día libre? ¿Un lunes?

CRISTIAN   Sí.

WANDA   ¿De qué estás trabajando, Cristian?

CRISTIAN   En una empresa de promociones.

WANDA   Bueno, suena bien. ¿Y qué haces?

CRISTIAN   Pues manipular toda la correspondencia de promociones que hacen las empresas.

KRISTOFF   Es un súper trabajo.

WANDA   Pues está bien.

KRISTOFF   Es un súper trabajo… si es que lo sigue teniendo, jajaja.

CRISTIAN   Que sí, gilipollas. Que si no, te lo diría.

KRISTOFF   Bueno, bueno… No te pongas así.

CRISTIAN   Es que siempre me estáis tocando los huevos con el tema del trabajo, tronco. Y especialmente, tú.

KRISTOFF   Te lo digo de broma. Si quieres te dejo de hacer bromas.

CRISTIAN   Pues mejor sería.

VEGA   Venga, chicos, no discutáis.

WANDA   Eso. Que parecéis dos críos.

CRISTIAN   Cuando tú tenías trabajo y yo no, te reías de mí. ¿Y ahora que es al revés, también?

VEGA   Anda, ¿te has quedado sin trabajo, Kristoff?

KRISTOFF   Sí, el otro día.

VEGA   No lo sabía.

WANDA   Pues ánimo, Kristoff. Que hay mil trabajos y no tardarás en encontrar otro.

(Oscuro)

Escena 8

Peluquería Alba. Viernes a las 17:11. Alba *y* Zaira *van a la peluquería disfrazadas porque ese día
comienza el Carnaval.*

ZAIRA   ¡Buenaaas! *(Entrando en la peluquería, disfrazada de Cleopatra.)*

ALBA   *(Disfrazada de Pocahontas.)* ¡Pero buenoooo!
¡Qué guapa! Jajaja.

ZAIRA   ¡Tú tambiéeeen! Al final de Pocahontas, jajaja.

ALBA   ¡Sí, tía! He estado dudando hasta el último momento, pero al final de Pocahontas, jajaja.

ZAIRA   Te ha quedado guay.

ALBA   Gracias, a ti también.

ZAIRA   Ya verás cuando entren las clientas, jajaja. Van
a flipar.

ALBA   Ya te digo… Oye… Antes de que vengan clientas, precisamente…

ZAIRA   Sí, dime.

ALBA   Que te tengo que contar una cosa, tía.

ZAIRA   A ver, dime.

ALBA   Que me han contado que ayer estuvo Sebas tomando algo con otra, los dos solos.

ZAIRA   No jodas, tía…

ALBA   Como te lo cuento.

ZAIRA   Bueno, pero será una amiga, ¿no?

ALBA   ¿Una amiga? Tía, pero ya se podía cortar un poco, ¿no? Aunque sea una amiga, quedar solo con ella a tomar algo… en el barrio… Y sin decirme nada… Porque si es una amiga, me lo podría haber comentado, ¿no? Y encima estaban en Las Fuentecillas, el bar ese de la calle Tucán, que es otra de las cosas que me rayan… Sebas casi nunca va a ese bar, y justo va el día que queda con la «amiga». (*Hace el gesto de las comillas con las manos.*) ¿Por qué no quedó con ella en alguno de los bares de siempre? ¿Es que no quería que les viese todo el mundo?

ZAIRA   Igual es que a la amiga le gusta ese bar, yo qué sé. Y si no te ha contado nada, a lo mejor es porque ni él mismo le da importancia.

ALBA   Ya, tía, pero hay que pensar las cosas un poquito… Que le pueden ver, como ha sido el caso.

ZAIRA   ¿Y se lo has comentado?

ALBA   ¿A quién?

ZAIRA   A él.

ALBA   ¿A Sebas? Noo. ¿Cómo se lo voy a comentar a él?

ZAIRA   Pues así salías de dudas…

ALBA   ¿Y si es cierto que es una con la que está liado, qué?

ZAIRA   Pues si es así, que dé la cara.

ALBA   Joder, tía, si le pregunto y me dice eso, me muero.

ZAIRA   ¿Y quién te ha dicho que les ha visto?

ALBA   Vega.

ZAIRA   ¿Veguita? Joder… Pues ella no te va a mentir, no…

ALBA   Claro que no. Me fío de ella muchísimo.

ZAIRA   ¿Y no te dio detalles? Quiero decir, qué hacían, o cómo estaban…

ALBA   Me dijo que no les vio hacer nada raro, pero que estaban con muy buen rollo, riéndose y tal.

ZAIRA   Bueno, tía, entonces tampoco es para rayarse…

ALBA   Ya… Si hubiera sido Rafa, a ver qué decías.

ZAIRA   Joder, tía, si es por animarte un poco… Que desde fuera a veces se ven las cosas más claras. Yo no lo veo tan grave.

ALBA   Fácil de decir.

ZAIRA   Oye, ¿y Vega estaba con Paz?

ALBA   Pues no lo sé, imagino que sí. Sí… Ahora que lo dices, creo que comentó algo de que habían estado las dos viendo a ver qué hacían.

ZAIRA   ¿Y con Paz no has hablado?

ALBA   No.

ZAIRA   ¿Por qué no llamas a Paz para que te dé su versión?

ALBA   ¡Es verdad! Buena idea… Voy a escribirla. (*Coge su teléfono móvil, busca la última conversación de guasap con* PAZ, *y le escribe.*)

ZAIRA   Dile que se pase por aquí, si no tiene nada que hacer, y así nos cuenta.

ALBA   No, a ver si va a venir cuando haya clientas.

ZAIRA   Pues si hay clientas le decimos que se espere…

ALBA   Ya le he escrito.

(*Pasan unos segundos en los que* ZAIRA *se sienta en una de las sillas y* ALBA *permanece de pie con el teléfono en la mano.*)

ALBA   Mira, ya lo ha visto.

            (*De nuevo pasan unos segundos con ambas en la
            misma posición.*)

ALBA   Está escribiendo.

ZAIRA   ¡Qué bien!

            (*Otra vez transcurren unos segundos.*)

ALBA   Nada, que no puede venir. Que no ha salido de
            trabajar todavía. Que si acaso más tarde.

ZAIRA   Pues vaya.

            (*Oscuro*)

ACTO 3
(La primavera)

Escena 9

Gimnasio Fitness Club. Miércoles a las 16:05. ZAIRA y WANDA en una sección del gimnasio, utilizando una de las máquinas; KRISTOFF, AGUSTÍN y CRISTIAN en otra sección, cada uno en una máquina.

WANDA   Jajaja. Así no, bruta.

ZAIRA   ¿Y cómo es?

WANDA   Tienes que ponerte así, mira, baja un momento.

(ZAIRA baja de la máquina, WANDA sube.)

ZAIRA   A ver.

WANDA   Mira, así. *(Ejemplifica la posición en la que hay que ponerse y el movimiento que hay que hacer.)*

ZAIRA   Aaah, vale. Creo que ahora lo he pillado. Déjame probar.

(WANDA baja de la máquina, ZAIRA sube.)

ZAIRA   (*Mientras comienza a hacer el ejercicio.*) ¿Qué tal ahora?

WANDA   Mejor. Ya le vas pillando el truquillo.

ZAIRA   Claro, si todo es ponerse. Luego me tienes que enseñar también en esa otra. (*Señala con la cabeza la máquina que está al lado.*)

         (*Mientras, en la otra sección del gimnasio.*)

KRISTOFF Pronto te tendrás que subir a estudiar, ¿no, Cristian?

CRISTIAN Sí, ahora en un rato.

AGUSTÍN Dicen que una oposición es dura.

CRISTIAN Sí, sí. La verdad es que es dura.

KRISTOFF Pues tú no parece que estés sufriendo mucho. (*Mientras le habla a* CRISTIAN, *mira hacia el otro lado del gimnasio.*)

CRISTIAN Pues sí que le estoy echando horas.

KRISTOFF Bueno, yo creo que tantas no.

AGUSTÍN Es verdad que esta mañana te hemos visto en la calle también, Cris.

CRISTIAN Joder, pero si ahí he bajado un momento a comprar una cosilla.

KRISTOFF   Ya, ya. (*De nuevo, mirando hacia el otro lado del gimnasio.*)

CRISTIAN   ¿Y tú qué miras tanto para allá?

KRISTOFF   ¿Quién? (*Volviendo la mirada hacia* CRISTIAN.)

CRISTIAN   ¿Quién va a ser? Mi abuela, ¿no te jode? ¡Pues tú, quién va a ser?

KRISTOFF   ¿Mirando, dónde?

CRISTIAN   Allí, a las chicas. ¿Qué pasa, que te mola alguna, o qué?

AGUSTÍN   Conociendo a este, le gustarán las dos, jajaja.

KRISTOFF   Jajaja.

(*Mientras, en el otro lado.*)

WANDA   Pues a ti no pensaba yo que te iba a dar por el gimnasio…

ZAIRA   Pues ya ves.

WANDA   ¿Y cómo es que te ha dado por apuntarte?

ZAIRA   Bueno, pues por lo mismo por lo que le da a todo el mundo, imagino.

WANDA   Sí, pero a ti no te veía yo… Si yo creo que hasta me habías dicho que los gimnasios no te gustaban.

ZAIRA	Y no me gustan.
WANDA	¿Entonces?
ZAIRA	Pues ya sabes, que hay que estar guapas… para los chicos.
WANDA	Jajaja. Pero si tú tienes novio.
ZAIRA	Por eso mismo.
WANDA	¿Cómo? No entiendo.
ZAIRA	Pues eso, que cuando no tienes novio, hay que estar guapa para buscarlo, y cuando lo tienes, para conservarlo. El caso es que siempre hay que estar guapa porque si no, no te valoran. A mí al menos siempre me ha pasado.
WANDA	Pero si a ti Rafa te quiere con locura…
ZAIRA	Bueeeno.
WANDA	Que sí, tía.
ZAIRA	Pero aun así, me quiere guapa.
WANDA	Que no, que te quiere guapa… y no guapa.
ZAIRA	Pues ha sido él quien me ha dicho que me tengo que apuntar al gimnasio. Que me ve más ancha de caderas, me dijo… Que como siguiera así, me iba a poner hecha una bola. Y

que si veía que él estuviera gordo, o que se es-
tuviese descuidando… Y que debería seguir
su ejemplo.

WANDA   ¿Cómo?

(Oscuro)

Escena 10

Locutorio Worldlink. Miércoles a las 17:23. WANDA *ha ido a imprimir un documento.*

WANDA   ¡Hola, Sarpret!

SARPRET   Hola, guapa.

WANDA   Venía a imprimir una cosilla.

SARPRET   Dime a ver.

WANDA   Lo mando al correo.

          (Ambos esperan unos segundos.)

SARPRET   Ya está. ¿A color?

WANDA   No, en blanco y negro.

SARPRET   ¿Doble cara?

WANDA   Sí.

SARPRET   Pues vamos a ello.

          (Entra en el locutorio KRISTOFF.*)*

KRISTOFF Buenaaas.

SARPRET   Hola.

WANDA   ¡Hola, Kristoff!

KRISTOFF   ¿Qué tal, guapa?

WANDA   ¡Muy bien! Aquí, a imprimir una cosilla. ¿Y tú qué tal?

KRISTOFF   Pues bien también. Yo, a hacer unas fotocopias.

WANDA   Ah, muy bien.

(*La conversación entre ellos dos sigue, mientras* SAR-PRET *trabaja en el ordenador y en la impresora.*)

KRISTOFF   Oye, pues contigo quería yo hablar.

WANDA   ¿Conmigo? ¿Por qué?

KRISTOFF   Nada, chica, no te asustes. Nada malo.

WANDA   ¡Ah, qué susto!

(*La impresión de los documentos de* WANDA *ha terminado y* SARPRET *se acerca con ellos.*)

SARPRET   Aquí tiene usted, señorita.

WANDA   ¡Ay, gracias! ¿Cuánto es?

(SARPRET *teclea en la calculadora durante unos segundos.*)

SARPRET   Tres con veinte.

WANDA   Con tarjeta, porfa.

(SARPRET *coge el datáfono, teclea, y se lo tiende a* WANDA. WANDA *paga.*)

WANDA   No quiero copia, gracias. (*Mira a* KRISTOFF *de nuevo.*)

KRISTOFF   Yo quería una fotocopia de estas hojas. (*Se las tiende a* SARPRET.)

SARPRET   Vamos con ello.

KRISTOFF   (*Mirando de nuevo a* WANDA.) Nada, que te quería comentar… que… menudas amiguitas tienes, las de la peluquería.

WANDA   ¿Por qué?

KRISTOFF   Pues porque van contando por ahí cositas de ti.

WANDA   ¿De mí?

KRISTOFF   Sí, de ti. Van por ahí contando las cosas que haces. Que si te vas a hacer no sé qué, que si te vas a poner no sé cuántos…

WANDA   ¿Y a ellas qué les importa?

KRISTOFF   Pues eso es lo que yo digo. Y por eso te lo cuento.

WANDA   Joder…

KRISTOFF   Y encima, según creo, lo van criticando.

WANDA   ¡Pues vaya!

KRISTOFF   Yo te lo digo solo para que lo sepas.

WANDA   No, no, si te lo agradezco. Luego conmigo todo sonrisitas y cumplidos…

KRISTOFF   Ya me lo imaginaba.

(SARPRET termina de fotocopiar las hojas de KRISTOFF y se acerca al mostrador.)

SARPRET   Aquí tienes, Kristoff. Son… *(Teclea en la calculadora.)* Dos con ochenta.

(KRISTOFF saca su monedero, lo abre, busca monedas, las cuenta, y se las entrega a SARPRET.)

KRISTOFF   Toma, va justo.

SARPRET   Excelente. Gracias. Oye, que os estaba escuchando… Os he escuchado sin querer, ¿eh? Un consejo: no hagáis caso a la gente que os critica.

WANDA   No, si yo no hago caso.

SARPRET   La gente que critica siempre es gente mediocre. No tienen nada que hacer, y por eso se ponen a criticar a otros. Y como su vida no les gusta, pues se ponen a hablar de las vidas de otros. Y a hablar mal de ellas, claro, nunca bien. Vosotros, ni caso. Es mi consejo.

WANDA   Yo no hago caso. A mí me da igual lo que digan. Y además, más todavía me van a criticar.

KRISTOFF   Bien dicho.

SARPRET   Bueno, parejita. Que tengáis buen día.

WANDA   ¿Parejita? Jajaja.

(Oscuro)

Escena 11

Gimnasio Fitness Club. Martes a las 13:45. KRISTOFF,
WANDA *y* ZAIRA *se ejercitan en máquinas contiguas.
En otra sección,* VEGA *trabaja en solitario.*

KRISTOFF *(Dirigiéndose a* WANDA.*)* Hoy le estás dando
duro, ¿eh?

WANDA Sí, sí. Hoy a tope.

KRISTOFF La verdad es que últimamente estás hecha una
máquina.

WANDA Claro, el veranito… Jajaja. Hay que lucir tipo.

KRISTOFF Bueno, tú tienes un tipazo.

ZAIRA Buenoooo…

KRISTOFF ¿Qué pasa? Es verdad.

WANDA Gracias, hombre.

KRISTOFF Tú no te pongas celosa, Zairita, que tú también
eres muy guapa.

ZAIRA ¿Yo celosa? Buah…

KRISTOFF Jajaja.

ZAIRA Si queréis os dejo solos.

KRISTOFF No hace falta, mujer.

ZAIRA Que sí, que os dejo solos. (*Se baja de la máquina en la que estaba trabajando.*)

WANDA Zaira, ¿eres tonta?

ZAIRA Que sí, que me voy con Vega, que está allí. (*Señala hacia la otra sección del gimnasio.*)

WANDA No seas tonta, tía…

(ZAIRA *ya se aleja de ellos.*)

KRISTOFF Bueno, ahora volverá.

WANDA Joder, que he venido con ella, me da pena…

KRISTOFF Bueno, si quieres me voy yo.

WANDA No, no.

KRISTOFF Vale. Oye, por cierto, ahora que se ha ido… ¿qué quisiste decir el otro día en el locutorio, cuando dijiste que más todavía te iban a criticar Alba y Zaira?

WANDA ¿Cuándo?

KRISTOFF El otro día, cuando coincidimos en el locutorio.

WANDA ¡Ah! No me acuerdo de qué quise decir…

KRISTOFF Cuando nos estábamos yendo… Que dijo Sarpret que no hiciésemos caso a la gente que nos criticaba… Y tú dijiste que tú no hacías caso. Y luego dijiste: «pues más me van a criticar», o algo así.

WANDA ¡Ah, sí! Ya sé. Nada, pues eso… Que si ya me critican, más me van a criticar dentro de poco.

KRISTOFF ¿Por qué?

WANDA Porque voy a seguir haciendo cosas de las que no les gustan, jajaja.

KRISTOFF ¿Qué cosas?

WANDA Nada, de momento no lo puedo contar, jajaja.

KRISTOFF Venga, cuéntamelo.

WANDA Que no.

KRISTOFF A mí puedes contármelo.

WANDA Que no, que luego se entera todo el mundo.

KRISTOFF No se lo digo a nadie.

WANDA Bueno…

KRISTOFF ¿Qué es?

WANDA   Pues que… me voy a volver a operar del pecho. Ya verás cuando se enteren las de la peluquería, jajaja.

KRISTOFF   ¿Te operas otra vez?

WANDA   Sí.

KRISTOFF   Pero… para… ¿ponerte…? ¿o…?

WANDA   Bueno, me lo voy a retocar. Pero me voy a poner un poquito más, sí.

KRISTOFF   Pero si ya tienes mucho… y muy bonito.

WANDA   Uy, gracias. Pues va a quedar mejor. (*Mientras, en la otra sección del gimnasio.*)

VEGA   Tía, pues tú déjales que intimen.

ZAIRA   No, no, si yo les dejo… Que intimen todo lo que quieran. Por eso me he venido.

VEGA   Has hecho bien.

ZAIRA   Claro.

VEGA   Bueno, ¿qué? Habrá que ir a las Fiestas de San Isidro, ¿no?

ZAIRA   ¡Claro! Si nosotros tenemos comprados los trajes desde hace casi dos meses.

VEGA Ah, muy bien. Nosotras los tenemos ya de otros años. Así que para allá que iremos.

ZAIRA Seguro que están guay.

VEGA Claro. Como siempre.

(Oscuro)

Escena 12

Peluquería Alba. Jueves a las 11:32. ALBA *y* ZAIRA *están solas, pues no hay clientas.*

ALBA Tía, estoy fatal. *(Llorando.)*

ZAIRA Bueno, tía, ánimo.

ALBA ¿Pero, cómo ve voy a animar?

ZAIRA Ya sé que es difícil, pero, ¿y qué hacemos? El mundo no se acaba…

ALBA Qué fácil es decirlo…

ZAIRA ¿Y qué quieres que te diga?

ALBA Pues no digas nada. *(Limpiándose las lágrimas con un pañuelo.)*

ZAIRA Encima no te pongas así

ALBA Perdona, tía. *(Sorbiendo por la nariz.)*

ZAIRA Bueno, ¿y si volvéis? No seríais los primeros. Si incluso ya os ha pasado a vosotros mismos más veces.

ALBA Esta vez no.

ZAIRA   ¿Y por qué esta vez no, si otras veces ha sido que sí?

ALBA   Porque esta vez es diferente.

ZAIRA   ¿Y por qué es diferente?

ALBA   Pues porque ha sido la bronca más grande de todas.

ZAIRA   ¿Y eso qué tiene que ver?

ALBA   ¿Cómo no va a tener que ver? (*Se suena la nariz.*)

ZAIRA   Pero que a lo mejor se arregla igualmente…

ALBA   Si es que, nos hemos dicho de todo. Yo creo que no vamos a poder volver ni a mirarnos a la cara.

ZAIRA   ¿Tan fuerte ha sido?

ALBA   Sí… (*Hay un silencio de unos segundos.*) Mañana por la mañana viene a recoger sus cosas. Eso me ha dicho en un mensaje.

ZAIRA   Bueno, igual de aquí a entonces se arrepiente.

ALBA   No creo… Y además…

ZAIRA   ¿Qué?

ALBA   Pues que…

ZAIRA   ¡¿Qué?!

ALBA   Pues que… yo tampoco estoy segura de querer volver.

ZAIRA   Joder, tía.

ALBA   Es lo que hay.

ZAIRA   Pues…

ALBA   ¿Pues qué?

ZAIRA   Pues que igual… es lo mejor que os podía pasar. Sobre todo a ti. Que a mí él me da más igual.

ALBA   Pfff. No sé. Llevábamos doce años. No va a ser fácil.

ZAIRA   A lo mejor no es fácil pero termina siendo lo mejor.

ALBA   No sé… No sé si estoy preparada, tía. Aún no estoy segura de poder vivir sin él, después de tanto tiempo… No tengo muchas cosas más en la vida. Me voy a quedar sola. Es triste llegar a casa y que no haya nadie. Va a ser muy duro vivir así. Un día, y después otro, y después otro…

ZAIRA   Vas a ser fuerte y va a ir muy bien, ya lo verás. Tienes tu negocio… Tienes amigas… ¡Me tienes a mí! Y hay muchos chicos más por ahí… Se trata de empezar una nueva vida, volver a ilusionarte. Volver a ser tú misma. Que yo creo que llevabas tiempo sin serlo. Y sin ser uno mismo, es difícil ser feliz. O eso pienso yo. Y tú vales mucho. Lo que pasa es que te lo tienes que creer.

ALBA   No sé…

(Entra en la peluquería KIKA.*)*

KIKA   ¿Qué tal chicas? Os traigo noticias frescaaas…

ZAIRA   No sé si es el momento, Kika.

KIKA   ¿Por qué? Para los cotilleos siempre es buen momento, tontas. Jajaja.

ALBA   Kika, ya te lo ha dicho Zaira. No es el momento.

KIKA   Pero, ¿por qué?

ZAIRA   No es el momento y ya está. No preguntes más. Otro día vienes.

KIKA   Bueno, yo os lo cuento y me voy. Ya veréis cómo, cuando os lo cuente, queréis que me quede.

ZAIRA   Kika, ¡que no! ¡No insistas! *(Enfadada.)*

KIKA   Vaale, vaale. Tampoco hay que ponerse así.

ZAIRA   Si es que eres muy pesada. Te lo hemos dicho por las buenas al principio.

KIKA   Vale, ya me voy. Otro día vuelvo. O no, ya veremos.

            (*Sale de la peluquería, cerrando la puerta con fuerza.*)

ZAIRA   Joder, qué pesada.

ALBA   Gracias, tía. Yo no tenía fuerzas para eso. Pero era necesario.

ZAIRA   De nada. Ha dicho que quizás no vuelva… Volverá, ¿no?

ALBA   Imagino. Y si no, que no vuelva. Para una vez cada cuatro meses que viene a cortarse el pelo…

ZAIRA   Pues también es verdad.

            (*Oscuro*)

ACTO 4
(El verano)

Escena 13

Gimnasio Fitness Club. KRISTOFF *y* AGUSTÍN *trabajan en máquinas contiguas.*

AGUSTÍN Pues yo me voy a ir pirando ya… ¿Te vienes y tomamos algo?

KRISTOFF No.

AGUSTÍN ¿Y eso?

KRISTOFF Voy a seguir un rato más.

AGUSTÍN Joder. Estás a tope últimamente.

KRISTOFF Sí, estoy en forma y me siento cómodo.

AGUSTÍN Ya, ya.

KRISTOFF ¿Cómo que «ya, ya»?

AGUSTÍN Que sí, que estás en forma, que te sientes cómodo y que… más cosas.

KRISTOFF ¿Qué dices? No te entiendo.

AGUSTÍN   No me quieres entender…

KRISTOFF   Pero, tío, tú estás muy raro últimamente.

AGUSTÍN   Igual el que está raro eres tú…

KRISTOFF   No entiendo nada. O hablas claro, o no me marees, tío.

AGUSTÍN   Pues que digo que parece que estás haciendo más horas aquí para ponerte musculitos y…

KRISTOFF   ¿Y?

AGUSTÍN   Y molarle a Wanda, jajaja.

KRISTOFF   Aaaaahh. Joder… Es eso. Menuda chorrada.

AGUSTÍN   Ya, ya. Chorrada.

KRISTOFF   Pero si ya sabes que a mí el gimnasio me ha encantado siempre.

AGUSTÍN   No tanto como ahora.

KRISTOFF   Que sí, coño.

AGUSTÍN   Bueno, va, ¿y cuánto tiempo más vas a estar?

KRISTOFF   No sé. Media hora.

AGUSTÍN   Bueno, te espero. Voy a seguir haciendo cosas, aunque ya despacio y tranquilo.

KRISTOFF   Como quieras. Si no, vete yendo al bar y luego voy yo.

AGUSTÍN   No, no, te espero.

KRISTOFF   Vale.

AGUSTÍN   Oye, hace mucho que no vemos al Cristiancito…

KRISTOFF   Es verdad.

AGUSTÍN   ¿Le estará dando duro al estudio?

KRISTOFF   Pues no creo.

AGUSTÍN   ¿Quién sabe? A lo mejor esta vez sí se está esforzando. Alguna vez tendrá que hacerlo, digo yo.

KRISTOFF   Yo creo que aún le queda... A lo mejor, para la siguiente vida, jajaja.

AGUSTÍN   Jajaja.

KRISTOFF   No, ya en serio, ojalá se lo tome en serio. Le vendría bien.

AGUSTÍN   Claro. Si por eso somos pesados con él.

KRISTOFF   Le hace falta espabilar. Le tiene que pasar algo. Verle las orejas al lobo. Para que espabile. Que su padre le diga que corta de darle dinero, o algo así.

Agustín Eso no va a pasar. El padre es un buenazo.

Kristoff Sí, pero, de bueno, le hace tonto al chaval...

Agustín Tonto no, pero vago, un rato, jajaja.

Kristoff Jajaja.

(*Hay un silencio de unos segundos.*)

Kristoff Bueno, al final voy a parar ya.

Agustín Bien, qué alegría me das. Vamos para el bar.

Kristoff ¿No te duchas?

Agustín No, ya me ducho en casa.

Kristoff Venga, pues yo también.

Agustín Pues vamos. ¿Vamos a La Esquina o a La Estrella?

Kristoff Puff. Ya sabes que ninguno de esos dos me mola mucho.

Agustín ¿Y a cuál quieres que vayamos entonces?

Kristoff Me gusta La Perla, pero está cerrado por vacaciones. Eeehh… (*Piensa unos segundos.*) Va, venga, al que quieras.

Agustín Vamos a La Esquina, que tengo que pagar la porra.

KRISTOFF Va. Oye, pero no te pongas a hablar de fútbol y de política, que me dais una pereza…

AGUSTÍN ¿Y de qué quieres que hable en el bar?

KRISTOFF Pues de cualquier otra cosa…

(Recogen una toalla y una botella de agua que tenían junto a la máquina y caminan hacia la salida. Cuando van a llegar a la puerta se cruzan con WANDA *y* ZAIRA, *que llegan al gimnasio en ese momento.)*

AGUSTÍN Pero bueno, mira quiénes llegan.

WANDA Holaa.

ZAIRA Holi.

WANDA ¿Ya os vais? *(Mirando a* KRISTOFF.)

KRISTOFF Sí, vamos a tomar algo.

WANDA Vale, pasadlo bien. Luego hablamos.

KRISTOFF Ciao.

AGUSTÍN Adiós. *(Espera unos segundos.)* Vaya, vaya. Ya sé yo por qué querías quedarte un rato más. O sea, que, «luego hablamos»… Ya habláis y todo…

(Oscuro)

Escena 14

Peluquería Alba. Alba y Zaira *descansan en un rato libre.*

ALBA   Qué buen día hace hoy.

ZAIRA   Bueno, para mí, demasiado calor.

ALBA   No, pero parece que hoy hace menos.

ZAIRA   Hace el mismo que ayer. A ti lo que te pasa es que, desde que has vuelto con Sebas, todo lo ves de manera muy optimista, jajaja.

ALBA   Jajaja. Es verdad, tía.

ZAIRA   La verdad es que ahora se os ve súper bien.

ALBA   Gracias, tía.

          (Están en silencio durante unos segundos.)

ZAIRA   Pues parece que lo de Wanda y Kristoff va para adelante…

ALBA   ¿En serio?

ZAIRA   Ya te digo. Tenías que verles en el gimnasio… No paran de coquetear.

ALBA   Quién lo iba a decir…

(Entra en la peluquería una clienta.)

CLIENTA 2   Buenos días.

ALBA   Buenos días.

ZAIRA   Buenos días.

CLIENTA 2   Quería cortarme las puntas.

ALBA   Muy bien. Pasa con ella. *(Señala con el dedo a* ZAIRA.*)*

ZAIRA   Por aquí. *(Señala una de las sillas.)*

CLIENTA 2   Gracias. *(Se sienta.)*

             (Están en silencio durante unos segundos.)

ZAIRA   Pues sí, sí, lo que te decía, Alba.

ALBA   Pues hace unos meses no lo hubiera pensado...

ZAIRA   Ni tú, ni nadie. No pegaban mucho, la verdad.

ALBA   Es que, él tan alto y ella tan bajita...

ZAIRA   Por lo menos son rubios los dos, jajaja.

ALBA   Eso sí. Y luego él polaco y ella venezolana... Vaya mezcla.

ZAIRA   Medio venezolana. Que su madre es española.

ALBA   Ah, ya. ¿Y han quedado fuera del gimnasio alguna vez?

ZAIRA   Eso no lo sé.

CLIENTA 2 Me parece que sé de quién estáis hablando.

ALBA   Ah, ¿sí? Jaja. Perdone, que estamos aquí hablando como dos cotorras.

CLIENTA 2 No pasa nada. Si a mí también me gusta el cotilleo, jajaja. Habláis de Wanda y del chico ese polaco, ¿no?

ZAIRA   ¡Sí! ¿Cómo lo ha sabido?

CLIENTA 2 Bueno, por las cosas que habéis dicho de ellos. Que si él alto, que si ella bajita, que si ella medio venezolana…

ZAIRA   Claro.

CLIENTA 2 Pues sí, sí que han quedado fuera del gimnasio.

ALBA   Ah, ¿sí?

CLIENTA 2 Sí.

ZAIRA   ¿En serio?

CLIENTA 2   Yo misma los vi el otro día.

ZAIRA   ¿Dónde?

CLIENTA 2   En el parque.

ALBA   ¿En qué parque?

CLIENTA 2   En la Pradera de San Isidro.

ZAIRA   ¿Qué dice?

CLIENTA 2   Como os lo cuento. Con estos mismos ojitos que Dios me ha dado fue que los vi...

ALBA   ¿Y qué hacían?

CLIENTA 2   Pasear

ALBA   ¿Solo?

CLIENTA 2   Yo al menos no los vi hacer nada más. Pero solo los vi de lejos durante un par de minutos.

ALBA   ¿Y cómo iban? ¿De la mano, o algo?

CLIENTA 2   No. Iban andando, el uno al lado del otro, pero de la mano no iban.

ZAIRA   Vaya, vaya. Así que ya quedan fuera del gimnasio y todo. Anda que me cuenta nada Wanda...

ALBA   Si no te lo ha contado, es porque van en serio, jajaja.

ZAIRA   Jajaja.

        (Oscuro)

Escena 15

Locutorio Worldlink. KRISTOFF *espera su turno, detrás de otras dos clientas, para escanear un documento.* SARPRET *trabaja para atender a la clienta que llegó en primer lugar.*

SARPRET Pues esto ya está terminando.

CLIENTA 1 Qué bien. Porque tenía un poco de prisa.

SARPRET Es que eran muchas hojas para imprimir. No hay máquina que vaya más rápido que esta.

CLIENTA 1 Ya, ya. Si lo sé.

SARPRET *(Dirigiéndose a Clienta 2.)* Y usted, ¿qué va a querer?

CLIENTA 2 Plastificar un par de carnets.

SARPRET Cuente con ello. Vaya dándomelos y así mientras termina esto *(Señala la impresora.)*, voy empezando.

CLIENTA 2 Genial. *(Le entrega los carnets.)*

(Pasan unos segundos en los que SARPRET *trabaja en el nuevo pedido hasta que la impresora termina de imprimir lo de Clienta 1. En ese momento,* SARPRET *va, coge las hojas y se las entrega.)*

CLIENTA 1   Muchas gracias. Aquí van 10 euros, creo que habrá suficiente.

SARPRET   Sí, son ocho con cuarenta. (*Guarda el billete en la caja y le entrega a la clienta las vueltas.*) Muchas gracias, señora. Que tenga buen día.

CLIENTA 1   Hasta luego.

(SARPRET *vuelve a trabajar en la plastificación de los carnets.*)

SARPRET   ¿Y tú, qué, Kristoff? ¿Qué vas a querer?

KRISTOFF   Escanear una cosita.

SARPRET   Eso está hecho, cuenta con ello. Ya mismo termino aquí.

KRISTOFF   Tranquilo. No tengo prisa.

(*Pasan unos segundos en silencio, en los que* SARPRET *termina su trabajo.*)

SARPRET   Aquí tiene usted, señora.

CLIENTA 2   Con tarjeta, por favor.

SARPRET   Eso está hecho. Son dos con diez. Aquí tiene. (*Le tiende el datáfono.*)

CLIENTA 2   (*Pone la tarjeta en el datáfono y espera a que suene el pitido*). No quiero copia. Muchas gracias.

SARPRET   Hasta luego, que tenga buen día. *(Dirigiéndose a* KRISTOFF.*)* Vamos a ver, ¿qué hay que escanear por aquí?

KRISTOFF   Esto. *(Le tiende un documento.)*

SARPRET   Cuenta con ello.

KRISTOFF   Me envías el PDF por correo, ¿verdad?

SARPRET   Así es. Oye, ¿qué sabes del Cristiancito?

KRISTOFF   Pues últimamente no mucho.

SARPRET   Por aquí hace tiempo que no viene.

KRISTOFF   Pues por estudiar no es, porque creo que la oposición ya la ha dejado.

SARPRET   No me digas… Pero si estaba muy motivado.

KRISTOFF   Tú lo has dicho… estaba…

SARPRET   De verdad, qué poco espíritu tienen los españoles.

KRISTOFF   La verdad es que sí.

SARPRET   Lo tienen todo y no hacen nada.

KRISTOFF   Precisamente no hacen nada porque lo tienen todo.

SARPRET Es verdad. Mira yo. Ahora voy a abrir otro negocio.

KRISTOFF Ah, ¿sí? ¿Cuál?

SARPRET Una cafetería para dar desayunos, ahí en la calle de la Oca.

KRISTOFF Ah, qué bien. Pues ya iré por allí. ¿A qué altura?

SARPRET En frente del supermercado. Ven cuando quieras. Te trataré bien.

KRISTOFF Ya me pasaré.

SARPRET Abrimos el lunes que viene.

KRISTOFF La verdad es que no paras...

SARPRET En mi país somos muy emprendedores. Los españoles no. Los españoles están acostumbrados a tener un trabajo fijo, salir a su hora y no hacer nada. No arriesgan. Prefieren que arriesguen otros y ellos simplemente cobrar su salario fijo y no tener complicaciones. Está bien, pero al final nunca consiguen llegar lejos. Tienen lo suficiente para vivir y para irse de vacaciones en verano y no necesitan mucho más. Son felices así. Pero yo creo que en la vida hay que tener un poquito de ambición. Intentar superarse. Llegar todo lo lejos que puedas.

KRISTOFF Es verdad. Pero bueno, cada uno es como es.

SARPRET Y todos los chicos jóvenes, si no son buenos estudiando y no encuentran trabajo, tampoco emprenden ni hacen nada. Cristian es un ejemplo de lo que te digo. Podría intentar tener una idea y llevarla a cabo. Dinero se puede pedir prestado. Y hoy en día hay un montón de ayudas, centros de emprendimiento que te ayudan con los trámites, te dan formación…

(*Entra en el locutorio un hombre.*)

KRISTOFF Hombre, Alfonso... Mira, Sarpret, es el padre de Cristian. (*Mientras se lo dice, le hace una seña para que cambien de tema.*)

PADRE DE CRISTIAN Hola.

SARPRET Hola, encantado. No le conocía. A su hijo sí. ¿Qué tal está Cristian?

PADRE DE CRISTIAN Pues ahí está en casa. Si precisamente vengo a hacer estas fotocopias para él.

(*Oscuro*)

Escena 16

Peluquería Alba. Es el cumpleaños de Alba *y junto a ella lo celebran* Zaira, Paz, Vega, Wanda, Kristoff *y* Agustín. *Hay música de fondo.*

Zaira   *(Levantando la copa de champán de la que bebe.)* ¡Por Alba, chicos! ¡Que cumplas muchos más!

Paz   *(También levantando la copa.)* ¡Por Alba!

Todos   *(Levantando las copas.)* ¡Por Albaaa!

Alba   ¡Gracias a todos! Gracias, de verdad.

(Pasan unos segundos mientras todos beben y bailan.)

Alba   Bueno… y yo quería hacer un brindis más. Que no me quiero llevar todo el protagonismo. Brindemos también… ¡por la parejita! *(Mira a* Wanda *y* Kristoff *y levanta su copa.)*

Todos   *(Levantando las copas.)* ¡Por la parejitaa!

Wanda   ¡Qué tontos!

Kristoff   Totalmente.

Zaira   *(Dirigiéndose a* Kristoff, *porque lo tiene al lado.)* Bueno, ¿qué? ¿Ya estáis juntos, o todavía no?

KRISTOFF   Eeeehhh. (*Mira a* WANDA, *como buscando aprobación.*)

WANDA   ¡Claro que no! ¿Qué vamos a estar juntos?

KRISTOFF   No estamos juntos.

ZAIRA   Ya, ya.

VEGA   (*Dirigiéndose a* ALBA.) Bueno, ¿qué? ¿No va a venir Sebas hoy? Que es tu cumpleaños…

ALBA   Hoy sale tarde de trabajar.

VEGA   Joder, qué petardo de tío.

PAZ   Le vas a tener que cantar las cuarenta, ¿eh?

ALBA   Deja, deja. Ahora que estamos bien…

VEGA   Bueno, estáis como siempre, jajaja. Un día bien y dos mal.

ALBA   Que no, tía, que ahora muy bien.

PAZ   (*A* VEGA.) Tú deja de meter cizaña, anda.

ZAIRA   ¡Mira! Va por ahí Kika. (*Señala a la puerta.*)

ALBA   ¡Pues dile que pase!

ZAIRA   ¡Voy! (*Corre hasta la puerta, la abre, saca la cabeza y grita.*) ¡Kika! ¡Ven, que es el cumple de Alba!

(*Todos esperan unos segundos en silencio hasta que* KIKA *aparece por la puerta y entra en la peluquería.*)

ALBA   ¡Tómate algo a mi salud, Kika!

KIKA   ¡Vale, vale! ¿Y qué tomo? ¿Hay cerveza?

ALBA   ¡Claro que sí!

(KRISTOFF *coge una cerveza de la nevera y se la entrega a* KIKA.)

KIKA   ¡Gracias!

ZAIRA   ¡Bueno, que este finde son las Fiestas de la Paloma!

PAZ   ¡Síiii!

ZAIRA   ¿Vais a ir?

PAZ   Claro.

VEGA   Iremos mañana por la tarde.

ZAIRA   A ver si coincidimos. Yo iré con Rafa, pero aún no sabemos cuándo.

VEGA   Pues veníos después de comer.

ZAIRA   Se lo diré a Rafa.

(De repente, se abre la puerta, y todos miran. Es
DAFNE, *que entra en la peluquería.)*

DAFNE   Pero bueno, ¿qué se celebra aquí?

ALBA   ¡Mi cumple!

ZAIRA   ¡Tómate algo, Dafne!

DAFNE   Bueno, venga.

KRISTOFF *(Mientras le tiende una cerveza que ha sacado de*
la nevera.) ¡Venga, que sé que esta te gusta!

DAFNE   Gracias, hijo.

ALBA   ¡Bueno, pues ahora sí que estamos todos!

ZAIRA   Todos… los desgraciaos del barrio, jajaja.

ALBA   ¡Totalmente! Dios nos cría, y nosotros nos jun-
tamos, jajaja.

TODOS   Jajaja.

WANDA   Eh. Pero bien felices que somos, ¿eh?

PAZ   Ya te digo. A eso no nos gana nadie.

ALBA   *(Levantando su copa.)* ¡Por nosotros!

TODOS   (Levantando las copas.) ¡¡¡Por nosotros!!!

(Oscuro)

Esta primera edición de
Episodios de Carabanchel (II), de Sergio Gonzalo Rodrigo,
terminó de imprimirse
en enero de dos mil veintiséis